Catherine Massey / Shantirup Kosmin / Christine Pfahler

MOSAIK

GLAS

FLIESEN

WINDOWCOLOR

PAPIER

frechverlag

Fotos: frechverlag GmbH + Co. Druck KG, 70499 Stuttgart;
Fotostudio Ullrich & Co., Renningen

Dieses Buch enthält:
1 Vorlagenbogen

Auflage: 5.   4.   3.   2.
Jahr: 2003 2002 2001 2000

Letzte Zahlen
maßgebend

© 1999

frechverlag GmbH + Co. Druck KG, 70499 Stuttgart

ISBN 3-7724-2480-5 · Best.-Nr. 2480

Druck: frechverlag GmbH + Co. Druck KG, 70499 Stuttgart

MOSAIK –

das ist die Kunst, aus vielen kleinen Einzelteilen ein harmonisches Ganzes zu erschaffen. Ob es ein Muster, ein Motiv oder eine Bildgeschichte darstellen soll, das Geheimnis des Mosaikbildes liegt im Wechselspiel von Vielfalt und Einheit.

Die Technik des Mosaiklegens ist uralt (etwa 3000 Jahre v. Chr.) und eng mit der Architektur verbunden. Griechen und Römern (800 v. Chr.) diente das Mosaik außer zur Dekoration von großen Flächen (Wänden, Decken und Fußböden von Badehäusern, Tempeln usw.) auch als Schutzschicht für das Mauerwerk. In vielen orientalischen Ländern sind immer noch wunderschöne Mosaikwerke als stumme Zeitzeugen zu bewundern. „Mosaike sind für die Ewigkeit", hat ein Künstler einmal gesagt. Und so wurde das Mosaikhandwerk auch nicht vergessen, sondern gelangte durch den berühmten Architekten Antoni Gaudi (1852 – 1926) und später auch durch Hundertwasser zu neuer Popularität.

Längst werden nicht nur große Wandflächen mit Mosaiken verziert. Auch ausgediente, aber noch formschöne Gebrauchsgegenstände können durch ein Mosaikbild neuen Glanz erlangen. Die Mosaikarbeit ist eine sehr ruhige und genaue Arbeit. Wie bei einem Puzzle geht es darum, Stück für Stück zusammenzusetzen, ein Bild entstehen zu lassen, kleine Einzelteile zu verbinden, um so eine Einheit zu erschaffen.

Dieses Buch möchte Ihnen zwei Grundtechniken der Mosaikkunst näherbringen, die direkte und die indirekte Legemethode. Außerdem stellen wir Ihnen Möglichkeiten vor, wie Sie mit Farben und Papier Mosaike optisch nachempfinden können. In genauen Arbeitsanleitungen wird beschrieben, wie Sie Bilderrahmen, Schlüsselschränkchen, Türschilder und vieles Andere kreativ verschönern. Lassen Sie sich von der Kunst des Mosaiks verzaubern und spielen Sie mit Formen und Farben.

BASIS-
AUSRÜSTUNG
FÜR
MOSAIK-
ARBEITEN

Material

- Fliesen jeglicher Art
- Altes Porzellan
- Scherben jeglicher Art
  (Spiegel, Glas ...)
- Vorgefertigte Mosaikstücke
  (im Fachhandel erhältlich)
- Glasnuggets
  (im Fachhandel erhältlich)
- Steine
- Muscheln
- Metallstücke ...

Ihrer Phantasie sind keine
Grenzen gesetzt!

Werkzeug und Zubehör

Hammer, Schere, Filzstift, Bleistift, Pinzette, Packpapier, Haushaltsschwamm und Gummihandschuhe

Fliesenschneider, Pinsel, Metermaß, Glasschneider, Spachtel, Zahnspachtel verschiedener Größe, Poliertücher, Fliesenkleber, Silikon mit passender Spritze, evtl. Teppichmesser, Zementfuge, Gummibecher, Rührholz, Acryl-Abtönfarbe oder Farbpigmente für Zement, doppelseitiges Spiegelklebeband, Tapetenkleister, Mundschutz und Schutzbrille (diese Dinge sind alle in Baufachgeschäften erhältlich)

Japanische Zange um Fliesen, Keramik und ähnliches Material zu bearbeiten, Zag-Zag-Zange, Glasschneide-/Brechzange für Glasbearbeitung (im Fachhandel erhältlich, Adresse siehe Seite 48)

ALLGEMEINE ARBEITSANLEITUNG

Grundsätzlich gelten sowohl bei der direkten wie auch der indirekten Methode folgende Arbeitsschritte:

- Fliesen, Geschirr, Glas usw. zerkleinern,
- mit den Scherben das Muster oder Motiv legen bzw. kleben,
- die einzelnen Stücke mit Fugenmasse verbinden,
- säubern, trocknen lassen, polieren.

Bevor wir zunächst die direkte Methode erklären, hier noch einige wichtige Hinweise:

- Ehe Sie mit der Arbeit beginnen, sollten Sie alle benötigten Werkzeuge und Materialien für das geplante Objekt bereitlegen.

- Beim Zerkleinern von Fliesen oder Glas immer die Schutzbrille aufsetzen. Achten Sie beim Kauf der Fliesen auf die Stärke. Unterschiedlich dicke Fliesen können keine ebene Oberfläche bilden (wichtig z.B. bei einem Tisch). Andererseits können genau durch diese Unebenheiten auch interessante Effekte erzielt werden.

- Der Mundschutz ist nützlich, um sich vor Staub zu schützen. Benutzen Sie beim Verfugen Gummihandschuhe, da die Zementfuge die Haut austrocknet.

- Lesen Sie die Gebrauchsanweisungen und die Angaben zu den Mischverhältnissen der Klebstoffe und Fugenmittel immer gründlich durch und beachten Sie, dass Mosaikwerke, die für draußen bestimmt sind, frostsichere Klebstoffe, Fugenmittel und Fliesen benötigen.

- Silikon trocknet schnell an; deswegen nie das ganze Objekt bestreichen, immer nur flächenweise arbeiten. Silikon nur dünn (ca. 1 mm) und gleichmäßig auftragen, es sollte nicht über die Scherbenränder quillen. Steht nach der Trocknungszeit Silikon an den Rändern über, kann es vorsichtig mit einem Teppichmesser entfernt werden.

DIE DIREKTE METHODE DER MOSAIKHERSTELLUNG

Bei der direkten Legemethode werden, wie der Name schon sagt, die Mosaiksteine einzeln und direkt auf das Objekt geklebt. Entweder skizzieren Sie vorab ein Motiv auf dem Objekt oder Sie befestigen die Scherben „frei Hand", legen z.B. ein abstraktes Muster. Nehmen Sie einen Stein, betupfen Sie ihn mit etwas Kleber und drücken Sie ihn an der gewünschten Stelle fest. So verfahren Sie Stein für Stein. Auf den nächsten Seiten wird Ihnen diese Methode anhand einer dekorativen Schale Schritt für Schritt erklärt.

FOTO 1

Beginnen Sie mit dem Zerkleinern der Fliesen:
Um individuelle Mosaiksteine zu erhalten, wickeln Sie die Fliesen oder die Keramik in ein Handtuch und schlagen mit einem Hammer das Material kaputt. Die Japanische Zange (siehe Foto 3) eignet sich, um dann z.B. Dreiecke aus größeren Scherben abzuzwicken oder bestimmte Formen und Größen zurechtzubrechen.

FOTO 2

Für geometrische Formen wird der Fliesenschneider verwendet. Legen Sie die Fliese in den Schneider, bestimmen Sie an der Skala die Breite und ritzen Sie mit dem Diamanträdchen an der Oberfläche der Fliese die Markierung ein. Es entsteht quasi eine Perforierung, mit einer speziellen Vorrichtung am Fliesenschneider wird die Fliese an dieser Stelle in zwei Teile gebrochen.

FOTO 3

Sie erhalten Streifen, von denen Sie mit der Japanischen Zange verschiedenartige Scherbenformen (Rechtecke, Quadrate, Dreiecke ...) abzwicken können.

FOTO 4

Zeichnen Sie das gewünschte Motiv mit Filzstift auf Ihrem Objekt vor.

Für einige in diesem Buch vorgestellten Modelle finden Sie Vorlagen auf dem beiliegenden Bogen, die Sie auf Ihr Objekt übertragen können. Dafür kopieren Sie die Umrisse der Vorlage auf Papier oder Karton und übertragen diese auf Ihren Gegenstand.

Dann wird Stein für Stein auf dem Objekt festgeklebt. Wichtig hierbei ist, dass zum Rand ein Abstand von ca. 1 cm gelassen wird, der beim Verfugen aufgefüllt bzw. modelliert wird.

Das fertig beklebte Objekt lassen Sie 24 Stunden trocknen.

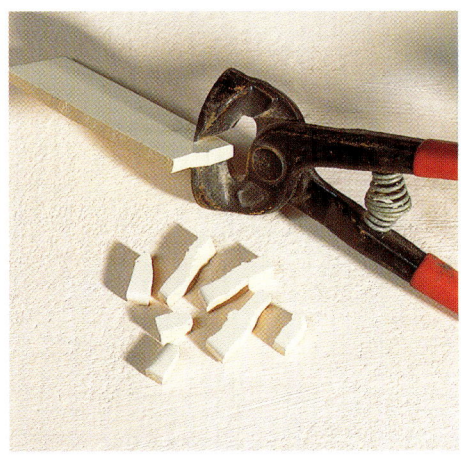

FOTO 5

Zum Verfugen verrühren Sie mit einem Rührholz (z.B. alter Kochlöffel) Zementfuge und Wasser in einem Gummibecher zu einem zähen Brei. Um eine farblich passende Fugenmasse zu erhalten, können Sie die Zementfuge mit Acryl-Abtönfarbe oder Farbpigmenten einfärben. In diesem Beispiel wurde etwas blaue Acryl-Abtönfarbe beigemischt.

Mit einem normalen Haushaltsschwamm wird die Fugenmasse in die Steinzwischenräume eingearbeitet. Nehmen Sie etwas Fugenmasse mit dem Schwamm auf und verteilen Sie die Masse zwischen den Steinen. Den Abstand zum Rand ebenfalls mit der Fugenmasse auffüllen. Nach einer Viertelstunde Trockenzeit können Sie mit einem feuchten Tuch die restliche Masse abwischen. Das fertig verfugte Objekt muss nun wieder 24 Stunden austrocknen.

FOTO 6

Nach 24 Stunden hat sich ein weißer Schleier auf den Steinen abgesetzt. Mit einem trockenen, fusselfreien Poliertuch wird der Gegenstand gesäubert. Hartnäckige Zementreste können Sie mit einfachem Haushaltsessig oder speziellem Zementschleierentferner beseitigen.

Schale mit Blüte

MATERIAL
Schale (Obstschale, großer Teller...), Wandfliesen in den Farben Orange, Weiß und Grün, Fliesenkleber, Zementfuge und Acryl-Abtönfarbe in Blau

WERKZEUG
Fliesenschneider, Japanische Zange, Hammer, Pappe, Schere, Filzstift, Poliertuch, Gummihandschuhe, Schwamm, Gummibecher und Rührholz

Zunächst malen Sie Ihr Motiv auf der Schale vor. Hierfür können Sie eine Motivschablone anfertigen. Kopieren Sie die Blume vom Vorlagenbogen auf Pappe und schneiden Sie diese aus. Mit dem Filzstift übertragen Sie die Umrisse der Blumenschablone auf die Schale. Die einzelnen Blütenblätter zeichnen Sie entweder frei Hand oder Sie schneiden jedes Blatt aus und umfahren es dann. Jetzt kann die eigentliche Mosaikarbeit beginnen. Suchen Sie sich die passenden Scherben (in Farbe und Form) für die Blume und legen Sie diese in der direkten Methode aus; die Rückseite der Fliesenbruchstücke mit Fliesenkleber betupfen und andrücken. Beginnen Sie in der Schalenmitte und lassen Sie das Mosaikbild Stück um Stück entstehen, indem Sie eine Scherbe aussuchen, mit Fliesenkleber betupfen und andrücken.

Die fertig bearbeitete Schale lassen Sie 24 Stunden trocknen. Dann können Sie mit dem Verfugen und den restlichen Arbeitsschritten, wie auf Seite 10 beschrieben, beginnen.

VARIANTE: Die Obstschale kann, sofern sie tief genug ist, auch zu einem Zimmerbrunnen umfunktioniert werden. Dafür brauchen Sie nur eine Brunnenpumpe im Fachhandel zu kaufen und diese laut Hersteller anzubringen.

Mosaiktablett

MATERIAL

Tablett, Fliesen in Weiß, Dunkelblau und Taubenblau, ein Teller mit Zwiebelmuster, Fliesenkleber, Fugenmörtel in Weiß, matte Acrylfarbe in Kobaltblau und Taubenblau

WERKZEUG

Japanische Zange, Hammer, Poliertuch, Schwamm, Pinsel, breiter Acrylpinsel, Bleistift, Papier, Gummibecher, Gummihandschuhe und Rührholz

Das Tablett zunächst mit einem kobaltblauen Acryllack grundieren und anschließend trocknen lassen. Für die taubenblaue Patina mit einem breiten Acrylpinsel etwas Farbe aufnehmen und auf einem Stück Papier leicht abstreichen. Mit dem fast „trockenen" Pinsel leicht über den ersten Anstrich streichen, so dass die Grundfarbe noch durchschimmert. Zeichnen Sie mit einem Bleistift die Anlage für den Teller und die Wellenlinie am Rand grob auf dem Tablett vor. Orientieren Sie sich dabei am Foto und passen Sie die Linienführung Ihrem Tablett an. Zerkleinern Sie den Teller mit einer Zange oder einem Hammer, wie auf Seite 8 beschrieben, und legen Sie damit die Mitte des Tabletts aus, wenn Sie möchten erst einmal „trocken", also ohne Klebstoff. Tellerbruchstücke mit Standring sortieren Sie aus.

Sind Sie mit dem Muster, das Sie gelegt haben, zufrieden, dann fixieren Sie die Scherben in der direkten Methode, indem Sie jede Scherbe einzeln festkleben.

Mit Hilfe des Fliesenschneiders schneiden Sie die kobalt- und die taubenblauen Fliesen in 6 mm breite Streifen. Brechen Sie diese mit der Japanischen Zange in 10 bis 14 mm lange Stücke.

Diese Mosaikscherben kleben Sie im farblichen Wechsel rund um das Teller-motiv (direkte Methode). Arbeiten Sie von innen nach außen und achten Sie auf eine ebene Mosaikfläche.

Nachdem der Fliesenkleber getrocknet ist, verfugen und reinigen Sie das Ta-blett, wie auf Seite 10 angegeben.

TIPP

Es hat sich bewährt, alle benötigten Scherben in einem Arbeitsgang her-zustellen, da so „in einem Stück" gearbeitet werden kann und Sie nicht zwischendurch unterbrechen müssen, um die nächsten Scherben herzu-stellen.

13

Tassenhalter

MATERIAL

Tassenhalter aus Holz, farbig oder natur, Fliesenreste in Weiß, Blau und Altrosa, 5 cm x 5 cm große Einlegemotive, Fliesenkleber und Zementfuge in Weiß

WERKZEUG

Hammer oder Japanische Zange, Fliesenschneider, Schwamm, Spachtel, Essig (zum Reinigen), fusselfreies Poliertuch, Gummihandschuhe, Gummibecher und Rührholz

Haben Sie einen naturfarbenen Tassenhalter, müssen Sie ihn zuerst lackieren und trocknen lassen. Dafür brauchen Sie Holzlack und einen Lackpinsel (beides im Fachhandel erhältlich). In unserem Beispiel haben wir die Farbe Weiß gewählt.

Brechen Sie die Motivfliesen am besten mit einer Japanischen Zange in ungleich große Scherben. Tragen Sie mit einem kleinen Spachtel etwas Fliesenkleber auf die Rückseite der Scherben auf und legen Sie diese in einem Abstand von ca. 2 mm in der direkten Methode auf die Unterlage (auch hier können Sie sich mit einem Bleistift grob die Anlage skizzieren).

Mit Hilfe des Fliesenschneiders fertigen Sie aus den blauen und altrosa Fliesen schmale Streifen (3 bis 5 mm breit), die dann mit der Zange in 6 bis 10 mm lange Stücke gebrochen werden. Nachdem Sie damit den Rand dekoriert haben, bekleben Sie die restliche Fläche mit weißen Scherben, arbeiten vielleicht noch blaue Scherben mit ein und verfugen nach dem Trocken des Fliesenklebers die Fläche, wie auf Seite 10 beschrieben.

Blumenvase

Beschreibung Seite 16

Blumenvase

Abbildung Seite 15

MATERIAL

Vase, alte Teller mit Motiven oder Muster, farbige Fliesen, Fliesenkleber und Zementfuge

WERKZEUG

Filzstift, Fliesenschneider, Japanische Zange, Schwamm, Poliertuch, Gummihandschuhe, Gummibecher und Rührholz

Wählen Sie ein Muster, das zu Ihrer Vase passt und zeichnen Sie dieses auf. Bei der auf Seite 15 abgebildeten Blumenvase wurde die Vorderseite kreisförmig angelegt und der Rest streifenartig gestaltet.

Zuerst schneiden Sie mit dem Fliesenschneider die farbigen Fliesen in Streifen, um aus diesen mit der Japanischen Zange 2 cm x 2 cm große Stücke herauszuarbeiten. Danach brechen Sie mit der Zange das Muster oder Motiv aus den Tellern.

Die Tellerscherben werden in der direkten Methode zentral auf der Vase zusammengesetzt und festgeklebt. Von unten beginnend befestigen Sie nun die zuerst hergestellten Scherben Stück für Stück auf der Vase. Um die viereckigen Fliesenscherben den Tellerscherben anzupassen, benutzen Sie ebenfalls die Japanische Zange.

Den Fliesenkleber trocknen lassen, dann verfugen und reinigen, wie auf Seite 10 beschrieben.

TIPP

Kreisförmige Anlagen können Sie wunderbar mit einem Becher oder wenn der Kreis größer sein soll, zum Beispiel mit einem Kochtopf skizzieren, gerade Linien mit einem Lineal usw.

Blumentöpfe

MATERIAL

Tontöpfe, bunte Fliesen, Fliesenkleber und Zementfuge

WERKZEUG

Fliesenschneider, Japanische Zange, Filzstift, Schwamm, Poliertuch, Gummihandschuhe, Gummibecher und Rührholz

Skizzieren Sie nach Vorlage (dafür fertigen Sie eine Schablone an, wie auf Seite 9 beschrieben) oder frei Hand mit dem Filzstift einen oder mehrere Fische auf dem Blumentopf.

Mit dem Fliesenschneider und der Japanischen Zange stellen Sie zunächst eine ausreichende Menge an Fliesenbruchstücken her.

Die Stücke werden in der direkten Methode auf dem Blumentopf fixiert: Scherbe auswählen, auf der Rückseite mit etwas Fliesenkleber betupfen und dann auf dem Objekt festdrücken. Betrachten Sie die Mosaikarbeit als Puzzle, das Stein für Stein zusammengesetzt wird. Nach dem Trocknen, wie auf Seite 10 angegeben, verfugen und reinigen.

DIE INDIREKTE METHODE DER MOSAIKHERSTELLUNG

Um größere Flächen mit Mosaik zu gestalten, wollen wir Ihnen jetzt die indirekte Methode vorstellen. Auch hier verrät der Name schon einiges: die Mosaikbruchstücke werden nicht direkt auf dem Objekt befestigt, sondern das Muster oder Motiv wird erst gelegt und dann auf dem Gegenstand fixiert.

Das Vorgehen möchten wir Ihnen Schritt für Schritt an einem Beispiel vorstellen. Dafür haben wir einen Spiegel ausgewählt.

FOTO 1

Messen Sie auf der Holzplatte den Platz für den Spiegel aus und kleben Sie ein paar (3 bis 4) Streifen des doppelseitigen Teppichklebebandes in das entstandene Viereck.
Es steht Ihnen frei, den Spiegel entweder jetzt schon aufzukleben (Teppichklebeband abziehen und Spiegel festdrücken) oder erst am Ende der Mosaikarbeit, wie wir es gemacht haben.

FOTO 2

Skizzieren Sie mit dem Filzstift ein Muster oder Motiv auf der restlichen Holzplattenoberfläche.
Die Fliesen mit dem Hammer oder der Japanischen Zange zu Scherben verarbeiten. Für den Rand brauchen Sie viereckige Mosaiksteine, und zwar 2 cm x 2 cm groß, die Sie entweder vorgefertigt im Fachhandel erwerben oder mit dem Fliesenschneider und der Japanischen Zange selbst herstellen können.
Legen Sie die gesamte Fläche – bis auf den Spiegelplatz – mit den Scherbenstücken aus, und zwar ohne Klebstoff.

MATERIAL

Holzplatte (30 cm x 30 cm x 1,9 cm), Spiegel (13 cm x 13 cm),
bunte Fliesen, Restglasstücke, vorgefertigte Mosaiksteine (2 cm x 2 cm),
Kette und Haken, Zementfuge und evtl. Farbpigmente oder Acryl-
Abtönfarbe, falls Sie eine farbige Fugenmasse wünschen, Silikon,
Fliesenkleber und wasserlöslicher Tapetenkleister

WERKZEUG

Fliesenschneider, Glasschneider, Hammer oder Japanische Zange, doppelseitiges Teppichklebeband,
Packpapier, Filzstift, Schere, Metermaß, kleiner
Zahnspachtel, Schwamm, Poliertuch, Gummihandschuhe, Gummibecher und Rührholz

und streichen ihn sorgfältig fest. Über Nacht trocknen lassen.

Sind die Steine am nächsten Tag alle angetrocknet, legen Sie das Papier mit den Steinen auf die Seite. Bewährt hat sich dabei, eine zweite Platte oder ein Brett auf das Papier zu legen und das „Mosaik-Sandwich" umzudrehen. Jetzt liegt das Papier, mit der Rückseite der Steine nach oben, auf der zweiten Platte. Legen Sie die Steine mit dem Papier beiseite.

FOTO 3

Schneiden Sie einen Bogen Packpapier zurecht, etwas größer als die gesamte Holzplatte, und bestreichen Sie diesen gleichmäßig mit dem Tapetenkleister. Achten Sie jedoch darauf, das 13 cm x 13 cm große Viereck für den Spiegel auf dem Papier nicht mit Tapetenkleister zu bestreichen.

FOTO 4

Den so präparierten Bogen Papier legen Sie vorsichtig auf die Mosaikoberfläche

FOTO 5

Mit dem Zahnspachtel wird nun, dünn und gleichmäßig, Fliesenkleber auf die Fläche rund um den Spiegel aufgetragen. Die „Zähne" des Spachtels dienen zum Abnehmen überschüssigen Klebematerials. Danach nehmen Sie das Papier mit dem festgeklebten Mosaikbild und legen es mit den Steinen nach unten auf die Spiegelholzplatte. Entweder nehmen Sie dabei das zweite Brett zu Hilfe oder Sie halten das Papier oben links und rechts an den Ecken fest und rollen es auf die Holzplatte um den Spiegel bzw. den Spiegelplatz herum.

FOTO 6

Mit einem nassen Schwamm weichen Sie das Packpapier ein. Wenn der Tapetenkleister sich gelöst hat, können Sie das Papier ganz einfach abziehen und zum Vorschein kommt die Mosaikarbeit. Einzelne Steine können jetzt noch gut verschoben und justiert werden.

FOTO 7

Den Rand der Holzplatte dekorieren Sie mit den viereckigen Mosaiksteinen (2 cm x 2 cm) in der direkten Methode: also Stein für Stein mit Kleber betupfen und andrücken. Benutzen Sie hierfür nicht Fliesenkleber, sondern Silikon; so entsteht eine Schutzschicht gegen Feuchtigkeit. Das ist vor allem dann wichtig, wenn der Spiegel für das Badezimmer bestimmt ist.

Um bequem den Rand zu erreichen, ist es eine große Hilfe, die Holzplatte etwas erhöht vor sich zu haben, beispielsweise auf einem Eimer. Haben Sie den ganzen äußeren Rand verziert, lassen Sie das Ganze nochmals über Nacht trocknen.

Jetzt können Sie in gewohnter Weise fortfahren: das Mosaik verfugen, reinigen und trocknen lassen, wie auf Seite 10 angegeben.

Bevor Sie Haken und Kette an der Rückseite der Holzplatte befestigen, kleben Sie noch den Spiegel in das leere Viereck. Ziehen Sie das Schutzband des Teppichklebebandes ab und drücken Sie den Spiegel fest an. Fertig ist der Mosaikspiegel.

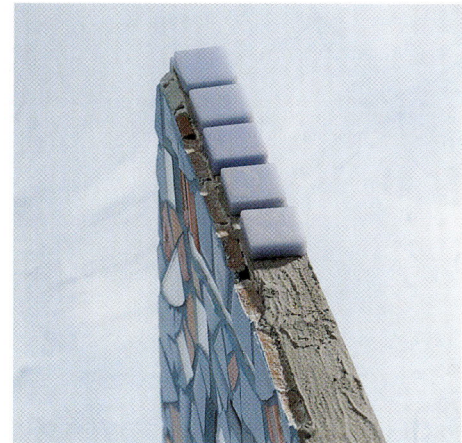

Türschilder mit Hausnummer

MATERIAL

Holzplatte, bunte vorgefertigte Mosaiksteine, Fliesenkleber, Silikon, Tapetenkleister und Zementfuge
Höhe und Breite der Holzplatte sind variabel, sie sollte aber eine Stärke von mindestens 19 mm haben

WERKZEUG

Bleistift, Schwamm, Schere, Packpapier, Poliertuch, Gummihandschuhe, Gummibecher und Rührholz

Skizzieren Sie mit dem Bleistift die Hausnummer auf der Holzplatte. Legen Sie die Fläche mit den Mosaiksteinen aus und wenden Sie die indirekte Methode an: Steine legen, Papier aufkleben, trocknen lassen. Fliesenkleber auf die Holzplatte auftragen, das Papier mit den Mosaiksteinen auflegen, das Papier einweichen, abziehen und die Lage der Steine ggf. korrigieren (Anleitung Seite 18 bis 21).
Auch hier wird der Rand wie im vorherigen Beispiel mit Mosaiksteinen und Silikon in der direkten Methode beklebt. Anschließend, wie auf Seite 10 erklärt, fortfahren: das Mosaik verfugen, reinigen und trocknen lassen.

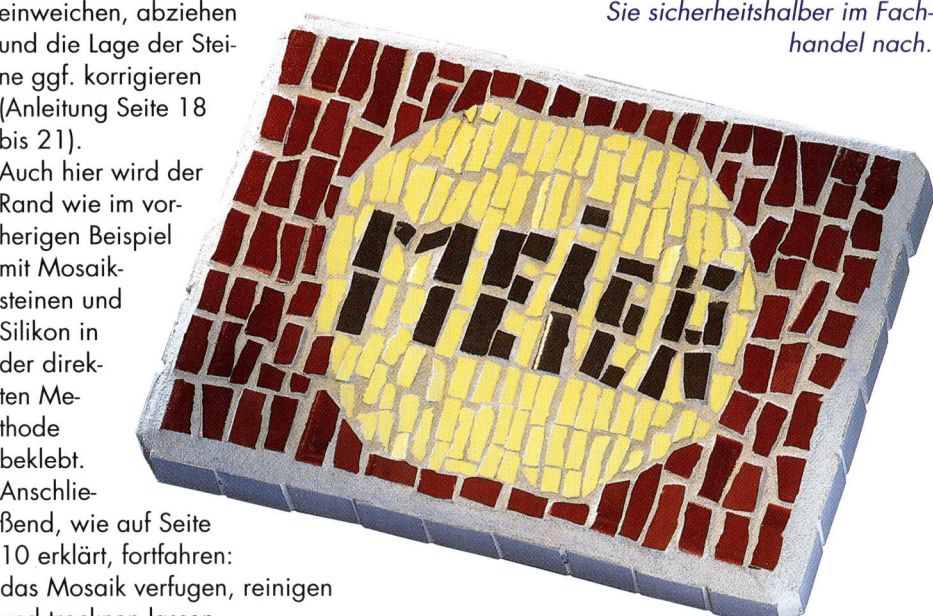

TIPP

Statt der bereits gefertigten Mosaiksteine können Sie natürlich auch Fliesenreste benutzen. Allerdings benötigen Sie dann einen Fliesenschneider, um 2 cm breite Streifen herzustellen, aus denen Sie dann mit der Japanischen Zange 2 cm x 2 cm große Vierecke abbrechen.

Namens-Türschild

Hier sind Material, Werkzeug und Technik nahezu identisch mit den Angaben für die Türschilder mit Hausnummer. Anstelle der Zahl wird der Name skizziert und ausgelegt.

TIPP

Achten Sie bei den Türschildern auf frostsicheres Material, also auf frostsicheren Fliesenkleber und frostsicheres Silikon. Die vorgefertigten Mosaiksteine sind in der Regel alle frostsicher; fragen Sie sicherheitshalber im Fachhandel nach.

Schachtisch

Tischplatte mit Gestell (z.B. von IKEA), 32 schwarze, 32 weiße sowie viele bunte vorgefertigte Mosaiksteine und Fliesenreste, Fliesenkleber, Tapetenkleister und Zementfuge

WERKZEUG

Zahnspachtel, Schwamm, Poliertuch, Packpapier, Schere, Teppichmesser, Lineal, Bleistift, Maßband, Gummihandschuhe, Gummibecher, Rührholz und evtl. Japanische Zange

Auf der Tischplatte skizzieren Sie mittig ein 18 cm x 18 cm großes Viereck, in das Sie ein Schachbrettmuster einzeichnen. Die weißen und schwarzen Mosaiksteine werden im Wechsel und mit einem Abstand von ca. 1 mm auf das Muster gelegt.

Die restliche Fläche legen Sie mit den bunten Mosaiksteinen und den Fliesenscherben aus. Bei der Gestaltung können Sie Ihrer Phantasie freien Lauf lassen oder sich an unserem Tisch orientieren. Die Schönheit eines Mosaiks liegt in seiner Individualität; scheuen Sie sich also nicht vor eigenen Ideen und Vorstellungen. Die Steine werden in der indirekten Methode fixiert (Anleitung Seite 18 bis 21).

Das Untergestell der Tischplatte wird ebenfalls in der indirekten Methode gearbeitet. Sie können unseren Gestaltungsvorschlag auf dem Foto aufgreifen oder nach Belieben variieren und den Tisch so auf Ihre Einrichtung abstimmen.

Lassen Sie Tischplatte und Untergestell gut trocknen (über Nacht) und verfugen und reinigen Sie beides in gewohnter Weise, wie auf Seite 10 beschrieben.

Buntglas ist leider meist nicht so einfach zu beziehen. Fragen Sie bei einem Glaser nach Resten eingefärbten Glases. Dabei sollten Sie darauf achten, dass diese transparent sind. Eine weitere Möglichkeit, um an Buntglas zu kommen, sind Tiffany-Geschäfte. Befindet sich keines in Ihrer Nähe, können Sie Buntglas auch bestellen (Adresse Seite 48).

Wenn Sie Glas zerschneiden, sollten Sie immer eine Schutzbrille tragen.

FOTO 1

Auf dem Foto sehen Sie, wie mit einem Glasschneider Buntglas in Streifen geschnitten wird.

FOTO 2

Aus diesen Streifen können Sie mit der Zag-Zag-Zange kleinere Mosaikscherben abzwicken.

Glas wird meist in der direkten Methode verarbeitet (siehe Seite 8 bis 10). Wir haben als Beispiel ein Glas-Windlicht gewählt, dessen Herstellung im Folgenden Schritt für Schritt erklärt wird.

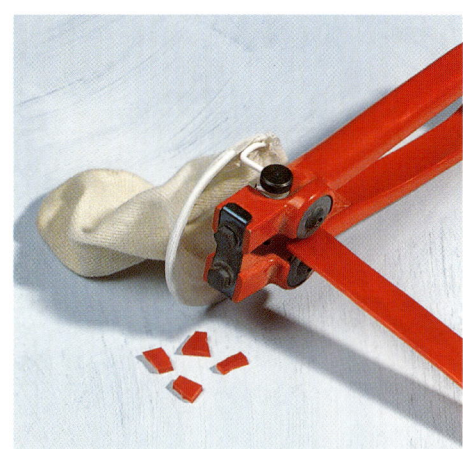

Glas-Windlicht

Glaskörper, transparentes Buntglas, Silikon, Zementfuge, evtl. Acryl-Abtönfarbe oder Farbpigmente, um die Fugenmasse einzufärben

WERKZEUG

Glasschneider, Zag-Zag-Zange, kleiner Zahnspachtel, Schwamm, Poliertuch, Gummihandschuhe, Gummibecher und Rührholz

Stellen Sie zunächst sicher, dass Sie eine ausreichende Menge an Glasbruchstücken hergestellt haben (Anleitung Seite 26).

FOTO 1

Auf das Glas wird flächenweise eine kleine Menge Silikon aufgetragen und verstrichen. Benutzen Sie dafür den Zahnspachtel.
Auf dieser kleinen Silikonfläche drücken Sie die ersten Buntglasscherben fest. Dann bestreichen Sie wieder einen Teil des Glases mit Silikon, um erneut Buntglasscherben festzukleben.
So verfahren Sie, bis das ganze Glas beklebt ist. Achten Sie dabei darauf, dass die Scherben nicht über den oberen und unteren Glasrand hinausragen.
Den Glaskörper über Nacht trocknen lassen.

FOTO 2

Der Glasrohling wird wie alle anderen Arbeiten verfugt (siehe auch Seite 10). Rühren Sie in einem Gipsbecher die Fugenmasse an. Mit einem Haushaltsschwamm etwas Masse aufnehmen und in die Glaszwischenräume einarbeiten.
Das fertig verfugte Windlicht eine Viertelstunde trocknen lassen.
Mit einem feuchten Tuch vorsichtig die restliche Fugenmasse abwischen, das Buntglas ist jetzt wieder sichtbar.
Nach erneutem Trocknen hat sich ein weißer Schleier auf der Oberfläche des Glases abgesetzt. Mit dem Poliertuch wird dieser Schleier, evtl. mit Essig, entfernt.

Lampe

MATERIAL

Glas- oder transparenter Kunststoffschirm, Lampenfuß ebenfalls aus Glas oder Kunststoff, transparentes Buntglas, vorgefertigte Glasnuggets, Silikon, Zementfuge, evtl. Acryl-Abtönfarbe oder Farbpigmente, um die Fugenmasse einzufärben

WERKZEUG

Glasschneider, Zag-Zag-Zange, kleiner Zahnspachtel, Schwamm, Poliertuch, Gummihandschuhe, Gummibecher und Rührholz

Die Lampe wird im Prinzip genauso hergestellt wie das Glas-Windlicht auf Seite 29. In das Farbmuster der Buntglasscherben wurden zusätzlich die Glasnuggets eingefügt.

Arbeiten Sie in der direkten Methode: auf den Lampenschirm etwas Silikon auftragen, Glasscherben festkleben, dann und wann ein Glasnugget fixieren, bis die ganze Fläche des Lampenschirmes bedeckt ist.

Natürlich können Sie auch ein Motiv auf dem Lampenschirm skizzieren und dieses mit den Scherben auslegen.

Den Lampenfuß bearbeiten Sie in der gleichen Weise wie den Lampenschirm, in der direkten Methode.

Nachdem das Silikon voll ausgetrocknet ist, können Sie mit dem Verfugen beginnen. Wieder trocknen lassen, polieren, fertig.

ANMERKUNG: Transparente Glas- oder Kunststofflampen erhalten Sie in Baufachmärkten, im Fachhandel für Lampenbedarf und in einigen Bastelgeschäften.

Sperrholzdosen mit Glas-Mosaik

MATERIAL

Sperrholzdosen, Tiffanyglas in Weiß und Blautönen, weiße Fliesenscherben, Acryllack in Lavendelblau und Kobaltblau, Silikon, Zementfuge in Weiß

WERKZEUG

Zag-Zag-Zange, Pinsel, kleiner Zahnspachtel, Schwamm, Poliertuch, Gummihandschuhe, Gummibecher und Rührholz

Grundieren Sie die Sperrholzdosen mit Ausnahme der Deckelflächen mit kobaltblauem Acryllack und lassen Sie die Farbe nach Angaben des Herstellers trocknen.

Nehmen Sie für den zweiten Farbaufstrich nur sehr wenig Farbe mit dem Pinsel auf und wischen Sie damit leicht und nicht deckend über die Grundfarbe.

Übertragen Sie anschließend die Muschelmotive vom Vorlagenbogen auf die Deckel. Fertigen Sie dafür eine Schablone aus Fotokarton oder zeichnen Sie das Motiv frei Hand.

Stellen Sie mit der Zag-Zag-Zange eine ausreichende Menge an Glasbruchstücken her und kleben Sie diese mit Silikon in der direkten Methode auf (siehe Seite 26–28). Beginnen Sie mit der Muschel und legen Sie danach ebenfalls in der direkten Methode die weißen Fliesenscherben mosaikartig um das Motiv herum.

Nach dem Trocknen des Klebers (ca. 15 Minuten) beginnen Sie mit dem Verfugen und allen weiteren Arbeitsschritten (siehe Seite 10).

Schlüsselschränkchen

MATERIAL

Schlüsselschränkchen, Buntglas in den Farben Grün, Weiß, Rot, Blau und Orange, Silikon, Acrylfarbe in Weiß, Zementfuge in Weiß, Fotokarton, Tesa-Krepp zum Abkleben

WERKZEUG

Zag-Zag-Zange, Glasschneider, Spachtel, Schwamm, Bleistift, Kohlepapier, Cutter mit Schneideunterlage, Pinsel, Poliertuch, Gummihandschuhe, Gummibecher und Rührholz

Mit einem Bleistift übertragen Sie das Hahnenmotiv vom Vorlagenbogen auf die Füllung der Tür. Hierfür kopieren Sie das Motiv mit Hilfe von Kohlepapier auf einen Bogen Fotokarton und schneiden es mit einem Cutter aus. Achten Sie dabei auf eine geeignete Schneideunterlage.

Legen Sie diese Schablone mittig auf die Tür und zeichnen Sie den Umriss mit dem Bleistift nach.

Schneiden Sie mit dem Glasschneider das Buntglas in schmale Streifen (siehe Seite 26). Mit Hilfe der Zag-Zag-Zange zerbrechen Sie die Streifen in kleine, individuelle Glasstücke in den angegebenen Farben.

Tragen Sie nun das Silikon auf und bekleben Sie das aufgezeichnete Motiv Schritt für Schritt in der direkten Methode (siehe Seite 28).

Nach dem Verfugen lassen Sie die Zementfuge mindestens zwölf Stunden trocknen.

Bevor Sie das Schlüsselschränkchen mit weißer Acrylfarbe bemalen, kleben Sie den Übergang zwischen Mosaik und Holz mit dem Tesa-Kreppklebeband ab. Die Farbe mit dem Pinsel auftragen und trocknen lassen.

Wenn Sie sich das Zuschneiden von Buntglas (noch) nicht zutrauen, können Sie Mosaik- und Tiffanyeffekte mit Windowcolor-Glasmalfarben aus dem Bastelfachhandel nachempfinden.

Glasvasen

MATERIAL
Rechteckige Glasvasen, Windowcolor-Konturenfarbe in Schwarz und Window-color-Glasmalfarben in Gelb, Grün- und Blautönen

WERKZEUG
Wasserfester Filzstift, Zahnstocher und evtl. Lineal

Überlegen Sie zunächst, wie Ihre Mosaik-Vase aussehen soll. Soll der Eindruck entstehen, das Motiv sei aus regelmäßigen Streifen (wie bei den hier abgebildeten Vasen), vielen kleinen Quadraten oder unterschiedlich großen Glasbruchstücken zusammengesetzt worden? Zeichnen Sie dann das gewünschte Muster frei Hand oder mit Hilfe eines Lineals mit dem Filzstift auf der Vase vor und ziehen Sie die Linien anschließend mit der Konturenfarbe nach. Beachten Sie die Angaben des Herstellers und lassen Sie die Kontur mehrere Stunden trocknen, am besten über Nacht.

Füllen Sie nun die einzelnen Felder mit den Windowcolor-Glasmalfarben. Tragen Sie die Farben direkt aus der Flasche in die einzelnen Felder auf. Mit dem Zahnstocher können Sie die Farben bis an die Konturenränder verteilen.
Nun müssen die Farben erneut trocken, ca. 24 bis 36 Stunden, je nach Dicke des Farbauftrags. Dann können Sie die Vasen benutzen.

TIPP
Sie können Ihr Motiv zunächst auch auf einer Klarsichthülle oder spezieller Malfolie malen, nach der zweiten Trockenperiode vorsichtig abziehen, auf das Glas auflegen und glatt streichen. Achten Sie dann darauf, genügend Farbe zu verwenden, damit Ihr Motiv beim Abziehen nicht einreißt.

Marokkanische Windlichter

MATERIAL

Trinkgläser, Teelichter, Windowcolor-Konturenfarbe in Gold, Windowcolor-Glasmalfarben in verschiedenen Farbtönen, z.B. in Grün, Hellblau, Dunkelblau, Rot und Pink

WERKZEUG

Zahnstocher und evtl. wasserfester Filzstift

Kopieren Sie die Vorlage auf dem beiliegenden Bogen auf Papier, kleben Sie dieses zusammen und stellen Sie das Ganze in das Glas. Dann zeichnen Sie die Konturen mit der goldfarbenen Konturenpaste nach.

Natürlich können Sie das Motiv auch frei Hand auf das Glas übertragen und dabei nach Lust und Laune abwandeln. Nachdem die Konturenpaste gut getrocknet ist (beachten Sie die Angaben des Herstellers), malen Sie die einzelnen Felder mit den entsprechenden Glasmalfarben aus. Ein Zahnstocher ist zum Verteilen der Farbe in den kleinen Feldern sehr hilfreich.

Anschließend das Windlicht erneut gut trocknen lassen (24–36 Std.), bevor Sie ein Teelicht hineinstellen.

Fensterbild mit Hahn

MATERIAL

Ovales Fensterbild aus Glas, Window-color-Konturenfarbe in Grau, Window-color-Glasmalfarben in Rot, Orange, Gelb, Hellblau, Königsblau, Jeansblau und Perlmutt

WERKZEUG

Zahnstocher

Legen Sie die Vorlage auf dem beiliegenden Bogen direkt unter das Fensterbild aus Glas und zeichnen Sie die Konturen mit der grauen Konturenfarbe nach. Unterteilen Sie die restliche Fläche in ungleich große Drei-, Vier- und Mehrecke, damit eine mosaikartige Wirkung entsteht.

Nachdem die Konturenpaste gut getrocknet ist (siehe Seite 36), malen Sie die einzelnen Felder mit den entsprechenden Glasmalfarben aus. Anschließend das Fensterbild erneut trocknen lassen.

MUSCHEL-MOSAIK

Patinierte Muscheldosen und Bilderrahmen

MATERIAL

Sperrholzdosen, Holzrahmen, Muscheln in verschiedenen Größen, Heißkleber, Acrylfarbe in Weiß, Schleifpapier mit 240er Körnung

Sperrholzdosen und kleine Holzrahmen gibt es in verschiedenen Größen und Ausführungen im Bastelbedarf zu kaufen

WERKZEUG

Pinsel und Heißklebepistole

Glätten Sie, soweit erforderlich, die Sperrholzdosen vor dem Bekleben mit Schleifpapier.

Tragen Sie die weiße Acrylfarbe mit einem feinen Pinsel auf und lassen Sie diese trocknen.

Legen Sie die Muscheln vor dem Bekleben probeweise auf Rahmen und Dose, so dass sich eine symmetrische Form ergibt.

Mit der Heißklebepistole können Sie dann die Muscheln nacheinander auf den Untergrund aufbringen.

TIPP

Die Farbe und den Ausdruck der Muscheln können Sie durch Glanzlack verstärken. Einfach nach der Fertigstellung mit einem Pinsel etwas Lack auftragen und trocknen lassen.

PAPIER-MOSAIK

Album und Sammelbox mit Rosenmotiv

MATERIAL
Tagebuch oder Fotoalbum und Pappschachtel aus braunem Papier, Tonpapier in zwei Farben, Poesiebilder mit Rosenmotiven und Papierkleber

WERKZEUG
Schere, Bleistift und Lineal

Dieses Papier-Mosaik können Sie mit wenig Aufwand ganz einfach nacharbeiten. Das Material für diese Modelle ist über den Bastelfachhandel zu beziehen.

Zeichnen Sie mit einem Lineal und einem Bleistift 1,5 cm breite Streifen auf das Tonpapier und schneiden Sie diese aus. Zerschneiden Sie die Streifen zu vielen unterschiedlich großen Schnipseln.

Legen Sie das Rosenmotiv zunächst probeweise auf das Buch bzw. die Schachtel und bedenken Sie dabei, dass die auseinander geschnittenen Motive später mehr Platz benötigen.

Nun die Rosenmotive zerschneiden und mit Papierkleber auf der Unterlage fixieren. Die übrige Fläche wird mit den vorbereiteten Tonpapierschnipseln mosaikartig ausgefüllt.

STEMPEL-MOSAIK AUF TEXTILIEN

Mit der hier vorgestellten Methode können Sie nahezu alle appreturfrei gewaschenen Stoffe bedrucken und so Tisch- und Bettwäsche, Kleidung sowie Stofftaschen mit Mosaiken schmücken.

Kissen und Tischset

MATERIAL

Kissenbezug aus Seide, Tischset aus Baumwolle, Stoffmalfarbe in Blau, Violett, Grün und Türkis, 6 mm starke Moosgummiplatte und ein Stück Kantholz als Stempelgrundlage

WERKZEUG

Cutter, Lineal, Heißklebepistole, dicke Pappe, Pinsel, Bügeleisen und Bügelbrett

Schneiden Sie die Moosgummiplatte mit dem Cutter in 2 cm breite Streifen. Diese Streifen teilen Sie in 2 cm große Quadrate auf und schneiden diese ebenfalls zu. Jetzt haben Sie quasi das Gummi für den Stempel hergestellt.

Kleben Sie mit der Heißklebepistole insgesamt sechs Moosgummiquadrate (drei pro Reihe) auf ein Stück Kantholz. Das ist Ihr Stempel.

Legen Sie anschließend das appreturfreie, gebügelte Kissen bzw. Set faltenfrei auf eine feste Unterlage. Schneiden Sie die Pappe in der Kissengröße zu und legen Sie sie in das Kissen, damit die Farbe auf keinen Fall auf die Kissenrückseite durchschlagen kann.

Mit einem Pinsel tragen Sie die Textilfarbe satt auf den Moosgummistempel auf und drücken ihn dann fest auf den Stoff. Meist ist das Moosgummi nach einigen Drucken so gesättigt, dass Sie mit einem Farbauftrag zwei- bis dreimal drucken können.

Lassen Sie die Textilfarben trocknen. Mit einem Bügeleisen fixieren Sie den Stoff durch intensives, linksseitiges Bügeln (fünf Minuten in der Baumwolleinstellung). Alternativ lassen sich die meisten Textilfarben auch durch mehrtägiges Trocknen an der Luft fixieren. Beachten Sie die Angaben des Herstellers.

Windlichter

MATERIAL

Trinkgläser, FIMO® in Grau, FIMO® transparent in Blau, Gelb, Rot und Grün sowie Teelichter

WERKZEUG

Cutter oder scharfes Messer, glatte Unterlage, Glasflasche, Lineal und Backofen

Kneten Sie die FIMO®-Blöcke in Ihrer Hand weich und formen Sie daraus gleich lange Rollen.

Walzen Sie das graue FIMO® mit Hilfe einer Glasflasche zu einer 1 bis 2 mm dicken Platte aus. Schneiden Sie diese graue Platte so zurecht, dass die Streifen gut um die farbigen Rollen passen.

Sind alle Farbrollen ummantelt, werden sie mit einem Cutter auf gleiche Länge geschnitten und zusammengelegt.

Durch erneutes Rollen verdichten sich die Farben in den Strängen. Sie erzielen eine mosaikartige Optik. Um Unebenheiten zu vermeiden, hat es sich bewährt, das Material mit der Handfläche zu rollen.

Jetzt schneiden Sie die Musterrolle mit einem scharfen Messer in dünne Scheiben und belegen damit das Glas. Drücken Sie die einzelnen Muster dabei leicht aneinander, bis sich die Gesamtfläche schließt.

Das dekorierte Glas wird anschließend bei 130 Grad im Backofen 20 bis 30 Minuten gehärtet (Gebrauchsanleitung des Herstellers beachten). Gut abkühlen lassen und danach das Teelicht in das Glas stellen.

TIPP

Je öfter Sie die verschiedenfarbigen FIMO®-Stränge teilen und wieder verdichten, desto filigraner wird Ihr FIMO®-Mosaik.

Die Verfasser dieses Buches wünschen Ihnen viel Spaß, Freude und Geduld bei der Entdeckung Ihrer Kreativität und möchten Sie, falls Sie weitere Einblicke in das Mosaikkunsthandwerk erlangen wollen, auf die regelmäßig bei uns stattfindenden Workshops aufmerksam machen.

Falls Sie Interesse an einem der Workshops haben oder weitere Materialien für Ihre Mosaikarbeiten benötigen, fordern Sie bitte unseren Prospekt an.

Bernstorffstraße 119 · 22767 Hamburg · 040 - 43 76 28

SCHERBEN
·Schöne·Stücke·

Außerdem möchten wir an dieser Stelle den Firmen Eberhard Faber, Neumarkt, Knorr/Prandell, Lichtenfels, Marabuwerke, Tamm, und Rayher, Laupheim, für die freundliche Unterstützung beim Zustandekommen dieses Buches danken.

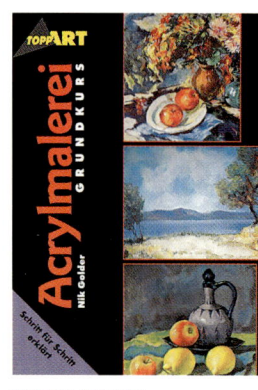